CORINNA SCHOBER

VEGANE ONE POT MEALS

FOTOGRAFIE: MONA BINNER, COCO LANG

INHALT

Öffnen Sie die Klappen dieses Buches.
Dort finden Sie die wichtigsten Infos zum Thema auf einen Blick!

GU CLOU

Wussten Sie schon, dass ...?
Entdecken Sie bei einigen ausgewähl-
ten Rezepten ganz besondere Tipps
mit verblüffendem Insiderwissen.
Aha-Momente garantiert!

Die Backzeiten können je nach Herd variieren. Unsere Temperaturangaben beziehen
sich auf das Backen im Elektroherd mit
Ober- und Unterhitze.

Sammeln Ihrer Lieblingsrezepte
mit der »GU Kochen Plus«-App
(siehe S. 64)

REZEPTKAPITEL

06 AUS DEM TOPF

24 AUS DER PFANNE

42 AUS DEM OFEN

CORINNA SCHOBER

Food-Trends sind für Autorin Corinna Schober das Gleiche wie für andere Fashion-Trends. Kaum gibt es etwas Neues auf dem veganen Kochmarkt, steht sie schon in der Küche und zaubert leckere Rezepte für ihre Leser.

Seit wann und warum ernähren Sie sich eigentlich vegan?

Aus Liebe zu den Tieren habe ich schon als Teenager einen vegetarischen Weg eingeschlagen und früh angefangen, zu kochen. Daraus wurde eine große Leidenschaft. Diese Erfahrung habe ich in meinem Blog deliciouslyveggie.com festgehalten, wo ich meine ganzen vegetarischen Rezepte geteilt habe. Durch die Auseinandersetzung mit Themen wie Massentierhaltung und Tierschutz kam für mich schlussendlich nur noch eine vegane Ernährung infrage.

Worauf muss man bei einer veganen Ernährung achten?

Grundsätzlich ist es wichtig, sich ausgewogen zu ernähren: viel Gemüse, Obst, gesunde Kohlenhydrate, Nüsse, Samen … Bei der veganen Ernährung kommt es öfter vor, dass der Körper einen Mangel an Eisen, Zink, Vitamin B12 oder Selen aufweist. Wenn man sich allerdings informiert, in welchen Lebensmitteln diese Nährstoffe zu finden sind, und diese dann auch ausreichend zu sich nimmt, stellt das überhaupt kein Problem dar.

Was ist das Besondere an den One-Pot-Rezepten in diesem Buch?

Mein Ziel war es, eine gute Mischung aus einfachen Klassikern und ausgefallenen, exotischen Gerichten zu kreieren. Dabei habe ich in jedem Rezept nur 10 verschiedene Zutaten verwendet, die in allen gängigen Supermärkten erhältlich sind. So müssen für die Gerichte im Buch keine Spezialmärkte aufgesucht werden. Alles ist wirklich für jeden superleicht nachzukochen. Und wer sich gerne austobt, kann diese Grundrezepte noch mit weiteren Gewürzen veredeln.

EINFACHE ONE-POT-PASTA

1 Zwiebel und 1 Knoblauchzehe schälen und fein hacken. Beides in einen Topf mit 3 EL Olivenöl geben und in ca. 5 Min. glasig dünsten.

200 g stückige Tomaten (aus der Dose) und 400 ml Gemüsebrühe zugeben und aufkochen lassen.

200 g vegane Nudeln (z. B. Penne oder Fusilli) zufügen und unter gelegentlichem Rühren bissfest garen.

Die Nudeln mit Salz, Pfeffer und getrocknetem Oregano würzen.

Die One-Pot-Pasta nach Belieben toppen: z. B. mit veganer Parmesanalternative, Hanfsamen, Hefeflocken oder Basilikumblättern.

AUS DEM TOPF

VEGANE PASTA ASCIUTTA

EINFACH

1 Zwiebel
1 Knoblauchzehe
1 EL Olivenöl
100 g rohe vegane Hackalternative
   (aus dem Kühlregal; z. B. auf
   Sojabasis)
300 g passierte Tomaten
325 ml Gemüsebrühe
1 EL vegane Sauerrahm-
   Alternative
2 EL Tomatenmark
Salz, Pfeffer
150 g vegane Nudeln (z. B. Makka-
   roni, Penne oder Spaghetti)
75 g Mais
75 g Kidneybohnen

1 Zwiebel und Knoblauch schälen und fein hacken. Beides in einem Topf mit dem Olivenöl kurz andünsten. Die Hackalternative zufügen und ca. 3 Min. unter ständigem Rühren anbraten.

2 Passierte Tomaten, Gemüsebrühe, Sauerrahm und Tomatenmark zugeben und unterrühren. Alles mit Salz und Pfeffer würzen, aufkochen und 5–8 Min. köcheln lassen.

3 Die Nudeln zufügen und ca. 15 Min. köcheln lassen, bis sie bissfest sind. (Je nach Nudelsorte kann die Kochzeit variieren.)

4 Mais und Bohnen einrühren, kurz erhitzen und die Pasta erneut kräftig mit Salz und Pfeffer abschmecken. Die Nudeln auf Teller verteilen und sofort servieren.

GUT ZU WISSEN
Statt 100 g frischer veganer Hackalternative kann man auch 50 g Granulat verwenden. Das trockene Veggie-Hack nach Packungsanweisung einweichen lassen.

Für 2 Personen • 30 Min. Zubereitung • Pro Portion ca. 995 kcal, 34 g E, 51 g F, 98 g KH

VEGANE SPAGHETTI CARBONARA

KLASSIKER

1 kleine Zwiebel
2 Knoblauchzehen
100 g Räuchertofu
3 EL Olivenöl
Salz, Pfeffer
450 ml Gemüsebrühe
200 g vegane Spaghetti
60 g geriebene vegane
  Parmesanalternative
200 g Pflanzencreme
2 EL Hefeflocken
2 EL weißes Mandelmus
2 Stängel Oregano

1 Zwiebel und Knoblauch schälen und fein schneiden. Den Räuchertofu klein würfeln. Das Öl in einem Topf erhitzen und die Zwiebel darin glasig dünsten. Den Räuchertofu mit dem Knoblauch zufügen, mit Salz und Pfeffer würzen und ca. 5 Min. anbraten.

2 Dann die Gemüsebrühe zugießen und aufkochen. Die Spaghetti zufügen und ca. 10 Min. köcheln lassen.

3 1 EL Parmesan für das Topping beiseitestellen. Den restlichen Käse mit Pflanzencreme, Hefeflocken und Mandelmus in den Topf geben. Alles gut verrühren und mit Salz und Pfeffer abschmecken. Die Nudeln in weiteren ca. 5 Min. bissfest garen.

4 Inzwischen den Oregano abbrausen, trocken schütteln und die Blättchen abzupfen. Die Spaghetti Carbonara auf Teller verteilen und mit Oregano und Parmesan bestreut servieren.

Für 2 Personen • 20 Min. Zubereitung • Pro Portion ca. 470 kcal, 15 g E, 15 g F, 68 g KH

CASHEW MAC AND CHEESE

SCHNELL

150 g vegane Hörnchennudeln
Salz
100 ml Cashewdrink (ersatz-
weise anderer Pflanzen-
drink)
50 g vegane Reibekäse-
Alternative
1 ½ EL Cashewmus
1 EL Hefeflocken
Pfeffer
¼ TL gemahlene Kurkuma
1 Prise Zimtpulver
2 Stängel Schnittlauch
½ EL geriebene vegane
Parmesanalternative

1 Die Hörnchennudeln nach Packungsanweisung in einem weiten Topf in kochendem Salzwasser bissfest garen. Anschließend abgießen und zurück in den Topf geben.

2 Cashewdrink, Reibekäse, Cashewmus und Hefeflocken zufügen. Unter ständigem Rühren bei geringer Hitze den Käse zum Schmelzen bringen, bis eine cremige Sauce entstanden ist.

3 Die Nudeln mit Salz, Pfeffer, Kurkuma und Zimt abschmecken. Den Schnittlauch abbrausen, trocken schütteln und in feine Röllchen schneiden. Den Cashew Mac and Cheese auf Teller verteilen und mit Schnittlauch und Parmesan bestreut servieren.

Für 2 Personen • 35 Min. Zubereitung • Pro Portion ca. 440 kcal, 13 g E, 20 g F, 51 g KH

NUDELSUPPE MIT ZUCKERSCHOTEN UND TOFU

SCHARF

125 g Tofu
1 Frühlingszwiebel
15 g Ingwer
1 kleine Tomate
½ gelbe Paprika
100 g Zuckerschoten
½ Limette
3 EL Erdnussöl
200 g Kokosmilch
Salz, Pfeffer
100 g Reis-Vermicelli
   (dünne Reisnudeln)
1 TL gelbe Currypaste

GU CLOU

Köstliche Nudelsuppe ohne langes, aufwendiges Kochen: Nussige und leicht süße Kokosmilch, die mit Limetten, Ingwer und viel Gemüse verfeinert wird, ist die perfekte Basis für eine schnelle, aber sehr köstliche Brühe.

1 Den Tofu in mundgerechte Stücke schneiden. Die Frühlingszwiebel waschen, putzen und fein hacken. Den Ingwer schälen und ebenfalls fein hacken oder reiben.

2 Die Tomate waschen, putzen und würfeln. Die Paprikahälfte waschen, weiße Trennwände und Kerne entfernen und das Fruchtfleisch in kleine Stücke schneiden. Die Zuckerschoten waschen und putzen. Die Limettenhälfte auspressen.

3 Das Öl in einem Topf erhitzen und den Tofu darin scharf anbraten. Paprika, Zuckerschoten, die Hälfte der Frühlingszwiebel und die Tomate zufügen und kurz mitbraten.

4 Kokosmilch und ca. 250 ml Wasser zugießen. Alles mit Salz und Pfeffer würzen, aufkochen und ca. 5 Min. köcheln lassen.

5 Reis-Vermicelli, Currypaste, Ingwer und Limettensaft zufügen. Die Suppe weitere 5 Min. köcheln lassen, mit Salz und Pfeffer abschmecken und auf Teller verteilen. Mit Frühlingszwiebel bestreuen und sofort servieren.

Für 2 Personen • 10 Min. Zubereitung • 20 Min. Kochen • Pro Portion ca. 350 kcal, 12 g E, 17 g F, 37 g KH

ZITRONEN-KOKOS-QUINOTTO

SOMMER-REZEPT

1 Frühlingszwiebel
50 g Baby-Blattspinat
½ Bio-Zitrone
100 g Quinoa
1 EL Olivenöl
175 g Kokosmilch
75 ml Gemüsebrühe
Salz, Pfeffer
½ EL weißes Mandelmus
35 g geriebene vegane
*   Parmesanalternative*

1 Frühlingszwiebel waschen, putzen und in Ringe schneiden. Spinat verlesen, waschen und trocken schleudern. Die Zitronenhälfte heiß waschen, trocknen und die Schale fein abreiben. Den Saft auspressen. Quinoa in ein Sieb geben, heiß abspülen und abtropfen lassen.

2 Das Öl in einem Topf erhitzen und die Hälfte der Frühlingszwiebel darin anbraten. Quinoa zufügen und ca. 1 Min. mitbraten. Den Spinat zugeben und kurz zusammenfallen lassen. Kokosmilch, Brühe und Zitronensaft zugießen. Alles mit Salz und Pfeffer würzen und ca. 20 Min. bei mittlerer Hitze köcheln lassen. Dabei gelegentlich umrühren. Bei Bedarf etwas Wasser zufügen.

3 Zitronenabrieb, Mandelmus und 25 g Parmesanalternative unterrühren und den Quinotto erneut mit Salz und Pfeffer abschmecken. Auf Teller verteilen und mit der restlichen Frühlingszwiebel und dem übrigen Parmesan bestreut servieren.

Für 2 Personen • 50 Min. Zubereitung • Pro Portion ca. 425 kcal, 12 g E, 10 g F, 65 g KH

RISOTTO MIT ERBSEN

KLASSIKER

½ Zwiebel
1 Knoblauchzehe
½ Brokkoli
1 EL Olivenöl
150 g Rundkornreis
50 ml veganer Weißwein
450 ml Gemüsebrühe
100 g TK-Erbsen
1 ½ EL geriebene vegane
   Parmesanalternative
Salz, Pfeffer

1 Zwiebel und Knoblauch schälen und fein hacken. Den Brokkoli waschen, putzen und in kleine Röschen teilen.

2 Das Olivenöl in einem Topf erhitzen. Zwiebel und Knoblauch darin kurz andünsten. Den Reis zufügen und ca. 2 Min. mitbraten. Mit Weißwein ablöschen und diesen vollständig verkochen lassen.

3 Anschließend 1 Tasse Gemüsebrühe zufügen und unter Rühren köcheln lassen, bis der Reis die Flüssigkeit aufgesogen hat. Diesen Vorgang wiederholen, bis die gesamte Gemüsebrühe verbraucht und der Reis gar ist. Das dauert ca. 30 Min. Kurz vor Ende der Garzeit die Erbsen und den Brokkoli zufügen.

4 Den Risotto mit Parmesan verrühren und mit Salz und Pfeffer abschmecken. Auf Teller verteilen und sofort servieren.

Für 2 Personen • 25 Min. Zubereitung • Pro Portion ca. 580 kcal, 11 g E, 30 g F, 62 g KH

WÜRZIGES TABOULEH

AUS DEM ORIENT

2 Bund Petersilie
½ Bund Minze
10 Kirschtomaten
2 Frühlingszwiebeln
½ Chilischote
200 ml Gemüsebrühe
150 g Couscous
1 Zitrone
6 EL Olivenöl
Salz, Pfeffer

1 Petersilie und Minze abbrausen, trocken schütteln, die Blätter abzupfen und fein hacken. Kirschtomaten waschen und fein würfeln. Frühlingszwiebeln waschen, putzen und in feine Ringe schneiden. Die Chilihälfte waschen, weiße Trennwände und Kerne entfernen und das Fruchtfleisch fein hacken.

2 Die Gemüsebrühe in einen Topf geben und zum Kochen bringen. Dann den Couscous einrühren. Den Topf vom Herd nehmen, zudecken und den Couscous ca. 10 Min. quellen lassen.

3 Inzwischen die Zitrone halbieren und auspressen. Zitronensaft, Olivenöl und Chili unter den Couscous rühren. Mit Salz und Pfeffer würzen. Tomaten, Frühlingszwiebeln und Kräuter untermengen. Das Tabouleh kurz ziehen lassen, dann auf Teller verteilen und servieren.

Für 2 Personen • 30 Min. Zubereitung • Pro Portion ca. 595 kcal, 15 g E, 28 g F, 71 g KH

MEXIKANISCHE BUCHWEIZENBOWL

GUT VORZUBEREITEN

125 g Buchweizen
Salz
½ Knoblauchzehe
¼ Chilischote
50 g getrocknete Tomaten
25 g Pinienkerne
1 ½ EL vegane
*   Parmesanalternative*
2 ½ EL Olivenöl
Pfeffer
100 g Kidneybohnen
100 g Mais

1 Den Buchweizen in einem Sieb gründlich waschen. Dann in einen Topf mit 250 ml Salzwasser geben und nach Packungsanweisung in ca. 15 Min. bei niedriger Hitze gar kochen.

2 Inzwischen den Knoblauch schälen. Chili waschen, weiße Trennwände und Kerne entfernen. Knoblauch und Chili mit getrockneten Tomaten, Pinienkernen, Parmesan und 1 ½ EL Olivenöl zu einem feinen Pesto pürieren. Mit Salz und Pfeffer würzen und beiseitestellen.

3 Die Kidneybohnen und den Mais mit 1 EL Olivenöl unter den gekochten Buchweizen mischen. Alles unter ständigem Rühren ca. 5 Min. braten. Dann das Pesto zufügen. Die Bowl mit Salz und Pfeffer abschmecken, auf Schüsseln verteilen und sofort servieren.

Für 2 Personen • 20 Min. Zubereitung • 25 Min. Kochen • Pro Portion ca. 395 kcal, 17 g E, 19 g F, 39 g KH

KICHERERBSEN-SPINAT-EINTOPF

VITAMINREICH

½ Zwiebel
1 Knoblauchzehe
150 g Süßkartoffel
30 g Baby-Blattspinat
20 g Erdnusskerne
1 EL Olivenöl
200 g stückige Tomaten
(aus der Dose)
100 ml Gemüsebrühe
Salz, Pfeffer
175 g vorgegarte Kichererbsen
50 g TK-Erbsen
2 EL Erdnussmus

1 Zwiebel und Knoblauch schälen und fein hacken. Süßkartoffel schälen und in mundgerechte Stücke schneiden. Den Spinat verlesen, waschen und trocken schleudern.

2 Einen Topf erhitzen und die Erdnüsse darin kurz anrösten. Herausnehmen und beiseitestellen. Das Öl in den Topf geben und Zwiebel und Knoblauch darin glasig dünsten. Die Süßkartoffelstücke zufügen und ca. 5 Min. anbraten.

3 Die stückigen Tomaten und die Gemüsebrühe in den Topf geben. Alles mit Salz und Pfeffer würzen, aufkochen und bei mittlerer Hitze ca. 20 Min. köcheln lassen.

4 Die Kichererbsen abgießen. Dann mit Erbsen und Erdnussmus in den Topf geben. Den Eintopf weitere 5 Min. köcheln lassen. Den Spinat unterrühren und alles erneut mit Salz und Pfeffer abschmecken. Den Eintopf auf Teller verteilen und mit gerösteten Erdnüssen bestreut servieren.

GU
CLOU

Dank der genialen Kombination Tomaten-Erdnussmus ist der Eintopf wunderbar cremig und schmeckt richtig fruchtig lecker.

Für 2 Personen • 20 Min. Zubereitung • 30 Min. Kochen • Pro Portion ca. 305 kcal, 12 g E, 14 g F, 34 g KH

GEMÜSE-CURRY

BALLASTSTOFFREICH

1 Zwiebel
2 Knoblauchzehen
1 Zucchino
3 Möhren
6 Stängel Petersilie
2 EL Olivenöl
50 g getrocknete rote Linsen
Salz
1 EL Currypulver
½ Zitrone
250 g Kokosmilch
1 EL gelbe Currypaste
Pfeffer

1 Zwiebel und Knoblauch schälen und fein würfeln. Zucchino und Möhren schälen und klein schneiden. Petersilie abbrausen, trocken schütteln und die Blätter fein hacken. Das Olivenöl in einem Topf erhitzen und Zwiebel und Knoblauch darin kurz anschwitzen. Zucchino und Möhren zufügen und bei mittlerer Hitze ca. 5 Min. braten.

2 Linsen zufügen, kräftig mit Salz und Currypulver würzen und ca. 2 Min. anbraten. Mit 250 ml Wasser ablöschen, das Curry zudecken und ca. 15 Min. bei mittlerer Hitze köcheln lassen. Die Linsen sollten anschließend den Großteil des Wassers aufgesogen haben.

3 Die Zitronenhälfte auspressen und den Saft mit Kokosmilch und Currypaste zugeben. Das Curry mit Salz und Pfeffer abschmecken und weitere 15 Min. bei geringer Hitze köcheln lassen. Auf Teller verteilen und mit Petersilie garniert servieren.

Für 2 Personen • 10 Min. Zubereitung • 45 Min. Kochen • Pro Portion ca. 420 kcal, 22 g E, 7 g F, 69 g KH

LINSEN-KÜRBIS-CHILI

HERBST-REZEPT

½ kleiner Butternuss-Kürbis
1 Zwiebel
1 Knoblauchzehe
½ kleine Chilischote
1 EL Olivenöl
100 g getrocknete rote Linsen
340 g passierte Tomaten (aus dem Glas)
250 ml Gemüsebrühe
2 EL Tomatenmark
Salz, Pfeffer
150 g Mais
2 EL Sojaghurt

1 Die Kürbishälfte schälen, entkernen und in mundgerechte Stücke schneiden. Die Zwiebel und den Knoblauch schälen und fein schneiden. Die Chilihälfte waschen, weiße Trennwände und Kerne entfernen und das Fruchtfleisch fein hacken.

2 Das Öl in einem Topf erhitzen und Zwiebel und Knoblauch darin kurz andünsten. Kürbis und Linsen zufügen und ca. 2 Min. anbraten. Passierte Tomaten, Gemüsebrühe, Tomatenmark und Chili zufügen. Alles mit Salz und Pfeffer würzen und 20–30 Min. bei mittlerer Hitze köcheln lassen. Dabei immer wieder umrühren.

3 Den Mais zufügen und das Chili erneut mit Salz und Pfeffer abschmecken. Dann weitere 10–15 Min. köcheln lassen. Das fertige Chili auf Teller verteilen und mit je 1 EL Sojaghurt sofort servieren.

KARTOFFEL-GULASCH

WINTER-REZEPT

3 große Kartoffeln
2 große Möhren
75 g Räuchertofu
1 große Zwiebel
3 EL Olivenöl
Salz, Pfeffer
2 EL Paprikapulver
500 ml Gemüsebrühe
2 EL Tomatenmark
2 Lorbeerblätter
50 g Kidneybohnen
75 g Pflanzencreme

MEHR DARAUS MACHEN

Noch intensiver schmeckt es mit 1 EL Gulaschgewürz. Dafür eignet sich eine Gewürzmischung aus Kurkuma, Thymian, Masala, Chili, Majoran und Kümmel. Wer mag, toppt das Gericht zusätzlich mit veganer Sauerrahm-Alternative.

1 Kartoffeln und Möhren schälen und in mundgerechte Stücke schneiden. Den Räuchertofu in kleine Würfel schneiden. Die Zwiebel schälen und fein hacken.

2 Das Olivenöl in einem Topf erhitzen und die Zwiebel darin glasig anschwitzen. Kartoffeln, Möhren und Tofu zufügen, mit Salz, Pfeffer und Paprikapulver würzen und ca. 5 Min. anbraten.

3 Die Gemüsebrühe mit dem Tomatenmark und den Lorbeerblättern in den Topf geben. Alles aufkochen und zugedeckt bei mittlerer Hitze ca. 30 Min. köcheln lassen.

4 Dann die Kidneybohnen und die Pflanzencreme einrühren. Das Kartoffel-Gulasch mit Salz und Pfeffer abschmecken und weitere 20 Min. köcheln lassen. Anschließend auf Teller verteilen, mit 1 Prise Pfeffer bestreuen und sofort servieren.

AUS DER PFANNE

BOHNEN-SHAKSHUKA

AUS ISRAEL

400 g reife Tomaten
1 rote Paprika
1 Zwiebel
1 Knoblauchzehe
75 g Baby-Blattspinat
3 EL Olivenöl
1 ½ EL Tomatenmark
½ TL Harissa (scharfe Würzpaste,
*   nach Belieben mehr)*
1 TL geräuchertes Paprikapulver
Salz, Pfeffer
150 g vorgegarte weiße Bohnen
50 g vegane Frischkäsealternative

DAZU PASST
Als Beilage zu Shakshuka eignet sich frisch gebackenes Fladenbrot.

1 Tomaten waschen, putzen und das Fruchtfleisch fein hacken. Paprika waschen, halbieren, weiße Trennwände und Kerne entfernen und die Hälften in feine Streifen schneiden.

2 Die Zwiebel schälen, halbieren und in feine Streifen schneiden. Den Knoblauch schälen und fein hacken. Den Blattspinat verlesen, waschen und trocken schleudern.

3 In einer Pfanne das Olivenöl erhitzen und die Zwiebel darin kurz glasig dünsten. Knoblauch, Paprikastreifen und Blattspinat zufügen und 3–5 Min. mitdünsten.

4 Dann gehackte Tomaten, Tomatenmark, Harissa und Paprikapulver unterrühren. Alles mit Salz und Pfeffer würzen und ca. 15 Min. köcheln lassen, bis eine cremige Masse entsteht.

5 Anschließend die weißen Bohnen abgießen und einrühren. Die Shakshuka mit Salz, Pfeffer und nach Belieben Harissa abschmecken und weitere 5 Min. köcheln lassen.

6 Alles auf Teller verteilen, Frischkäsealternative mit einem Löffel obenauf geben und die Shakshuka sofort servieren.

SCHUPFNUDEL-PILZ-PFANNE

SCHNELL

1 Zwiebel
1 Brokkoli
400 g Champignons
3 Stängel Petersilie
3 EL Olivenöl
Salz, Pfeffer
400 g vegane Schupfnudeln
 (Fertigprodukt)
1 EL Sojasauce
3 EL vegane Sauerrahm-
 Alternative

1 Die Zwiebel schälen und fein hacken. Brokkoli waschen, putzen und in kleine Röschen teilen. Die Champignons putzen und in Scheiben schneiden. Die Petersilie abbrausen, trocken schütteln und die Blätter fein hacken.

2 Das Olivenöl in einer großen Pfanne erhitzen. Die Zwiebel zugeben und darin in ca. 5 Min. glasig dünsten. Dann die Champignons und den Brokkoli in die Pfanne geben, 6–8 Min. anbraten und mit Salz und Pfeffer würzen.

3 Die Schupfnudeln zufügen und ca. 10 Min. braten, bis sie goldbraun sind. Sojasauce, Sauerrahm und die gehackte Petersilie unterrühren. Alles noch ein paar Minuten auf dem Herd ziehen lassen und mit Salz und Pfeffer abschmecken.

4 Die Schupfnudeln mit dem Brokkoli und den Champignons auf Teller verteilen und sofort servieren.

AUBERGINEN-RAGOUT MIT GNOCCHI

EINFACH

2 Auberginen
Salz
1 Zwiebel
100 g Kirschtomaten
½ Zitrone
3 EL Olivenöl
150 g vegane Gnocchi (Fertig-
    produkt)
150 ml Gemüsebrühe
1 Dose geschälte Tomaten (400 g)
2 Lorbeerblätter
1 EL Agavensirup
2 TL Ras el Hanout (ersatzweise
    Harissa)
Pfeffer

DAZU PASST

Das Auberginen Ragout
schmeckt besonders lecker,
wenn es mit veganem Jo-
ghurt, veganem Sauerrahm
oder einer Tahin-Sauce ge-
toppt wird. Für eine noch
würzigere und intensivere
Note einfach mehr arabi-
sche Gewürze zufügen.

1 Die Auberginen waschen, putzen und in mundgerechte Würfel schneiden. Die Auberginenwürfel in einem Sieb mit Salz bestreuen und ca. 10 Min. ziehen lassen.

2 Inzwischen die Zwiebel schälen und fein hacken. Die Kirschtomaten waschen und nach Belieben halbieren oder vierteln. Den Saft der Zitronenhälfte auspressen.

3 Das Olivenöl in einer Pfanne erhitzen und die Zwiebel darin glasig dünsten. Die Auberginen zugeben und 6–8 Min. anbraten. Dann die Gnocchi zufügen und kurz mitbraten.

4 Kirschtomaten, Gemüsebrühe, geschälte Tomaten, Lorbeer, Zitronensaft und Agavensirup unterrühren und alles mit Ras el Hanout, Salz und Pfeffer abschmecken.

5 Das Auberginen-Ragout ca. 10 Min. bei geringer Hitze köcheln lassen. Bei Bedarf erneut abschmecken, mit den Gnocchi auf Teller verteilen und sofort servieren.

Für 2 Personen • 20 Min. Zubereitung • 30 Min. Kochen • Pro Portion ca. 415 kcal, 18 g E, 16 g F, 48 g KH

REISPFANNE À LA PAELLA

AUS SPANIEN

½ Zwiebel
½ Knoblauchzehe
1 rote Paprika
75 g vegane Bratwurst
2 EL Olivenöl
1 TL Paprikapulver
Salz, Pfeffer
100 g Paella-Reis (ersatzweise
   anderer Rundkorn- oder
   Basmati-Reis)
¼ TL Safranfäden
300 ml Gemüsebrühe
100 g vorgegarte Erbsen

1 Die Zwiebel und den Knoblauch schälen und fein hacken. Die Paprika waschen, halbieren, weiße Trennwände und Kerne entfernen und das Fruchtfleisch in feine Streifen schneiden. Die vegane Bratwurst in mundgerechte Stücke schneiden.

2 Das Olivenöl in einer Pfanne erhitzen und die Zwiebel darin glasig dünsten. Knoblauch, Paprika und Bratwurst zugeben und 6–8 Min. anbraten. Mit Paprikapulver, Salz und Pfeffer würzen.

3 Den Reis zufügen und kurz mitbraten. Dann die Safranfäden in die Pfanne geben, alles mit Gemüsebrühe aufgießen und zum Kochen bringen. Den Reis ca. 20 Min. köcheln lassen.

4 Die Erbsen abgießen und einrühren. Alles mit Salz und Pfeffer abschmecken und weitere 10 Min. köcheln lassen. Die Reispfanne auf Teller verteilen und sofort servieren.

Für 2 Personen • 30 Min. Zubereitung • 10 Min. Quellen • Pro Portion ca. 655 kcal, 14 g E, 33 g F, 80 g KH

ORIENTALISCHES COUSCOUS

HERBST-REZEPT

300 g Hokkaido-Kürbis
1 Zwiebel
100 g vorgegarte Rote Beten
½ Granatapfel
3 EL Erdnussöl
50 g Walnusskerne
½ TL gemahlene Kurkuma
½ TL Zimtpulver
1 TL Chilipulver
Salz, Pfeffer
200 ml Gemüsebrühe
100 g Couscous

1 Den Kürbis schälen, putzen, Kerne entfernen und das Fruchtfleisch klein würfeln. Zwiebel schälen und hacken. Die Rote Beten in kleine Würfel schneiden. Die Granatapfelkerne vorsichtig auslösen.

2 Das Öl in einer Pfanne erhitzen und die Zwiebel darin glasig dünsten. Kürbis, Walnusskerne und Gewürze zufügen und ca. 15 Min. braten, bis der Kürbis weich ist. Mit Salz und Pfeffer abschmecken.

3 Alles mit Gemüsebrühe aufgießen und zum Kochen bringen. Den Herd ausschalten, Couscous einrühren und zugedeckt ca. 10 Min. quellen lassen. Dann mit einer Gabel auflockern.

4 Rote Beten und Granatapfelkerne unterrühren und das Couscous erneut abschmecken. Auf Teller verteilen und servieren. Dazu passen frische Kräuter und ein Tahin-Dip oder veganer Frischkäse.

AVOCADO-QUESADILLAS MIT PICO DE GALLO

SCHNELL

3 Tomaten
3 Knoblauchzehen
2 kleine Chilischoten
6 Stängel Petersilie
1 Avocado
1 TL vegane Sauerrahm-
   Alternative
Salz, Pfeffer
2 große Tortillas (Weizenfladen)
100 g Mais
60 g vegane Reibekäse-Alternative
1 EL Olivenöl

GUT ZU WISSEN

Je nachdem, welcher Schärfegrad bevorzugt wird, können milde oder scharfe Chilis verwendet und die Chilischoten-menge variiert werden.

1 Die Tomaten waschen, putzen und in feine Würfel schneiden. Den Knoblauch schälen und fein hacken. Die Chilischoten waschen, halbieren, weiße Trennwände und Kerne entfernen und das Fruchtfleisch sehr fein würfeln.

2 Petersilie abbrausen, trocken schütteln und die Blätter fein hacken. Die Avocado halbieren, entsteinen und das Fruchtfleisch fein zerdrücken. Ein Drittel der Tomaten und des Knoblauchs, ½ TL Chiliwürfel und den Sauerrahm untermischen. Die Guacamole mit Salz und Pfeffer würzen.

3 Die Tortillas auf einer Seite bis zur Mitte einschneiden. Die Guacamole darauf verstreichen und mit Mais und Käse bestreuen. Die Tortillas zweimal zusammenklappen. Eine Pfanne mit Olivenöl (alternativ einen Grill) erhitzen und die Quesadillas in ca. 10 Min. auf beiden Seiten goldbraun braten.

4 Inzwischen die restlichen Tomaten- und Chiliwürfel mit Knoblauch und Petersilie vermischen, salzen und pfeffern und ca. 10 Min. ziehen lassen. Die Quesadillas mit dem Pico de Gallo auf Teller verteilen und sofort servieren.

Für 2 Personen • 30 Min. Zubereitung • Pro Portion ca. 470 kcal, 26 g E, 31 g F, 18 g KH

LAUWARMER TOMATENSALAT MIT BARBECUE-TOFU

SOMMER-REZEPT

1 Handvoll Nuss-Kerne-Mix
   (z. B. Kürbiskerne, Sonnen-
   blumenkerne, Cashewkerne,
   Mandeln, Walnusskerne)
1 EL Sojasauce
1 TL Agavensirup
1 TL Tahin (Sesampaste)
1 TL rosenscharfes Paprikapulver
2 EL vegane Barbecue-Sauce
Salz, Pfeffer
200 g Räuchertofu
250 g bunte Kirschtomaten
2 gelbe Paprika
100 g Baby-Blattspinat
2 EL Olivenöl

1 Eine Pfanne erhitzen. Die Nüsse und Kerne hineingeben und darin unter gelegentlichem Rühren goldbraun rösten. Herausnehmen und beiseitestellen.

2 Sojasauce, Agavensirup, Tahin, Paprikapulver und Barbecue-Sauce in eine Schüssel geben und verrühren. Die Sauce mit Salz und Pfeffer abschmecken. Den Tofu in mundgerechte Stücke schneiden und in die Schüssel geben. Die Tofuwürfel ca. 15 Min. in der Sauce ziehen lassen.

3 Inzwischen die Kirschtomaten waschen und halbieren. Paprika waschen, halbieren, weiße Trennwände und Kerne entfernen und die Hälften in feine Streifen schneiden. Den Spinat verlesen, waschen und trocken schleudern.

4 Das Öl in der Pfanne erhitzen und den marinierten Tofu darin bei starker Hitze auf beiden Seiten scharf anbraten. Die Temperatur reduzieren und Tomaten, Paprika und Spinat in die Pfanne geben. Alles unter Rühren 3–5 Min. mitbraten. Mit Salz und Pfeffer abschmecken und kurz abkühlen lassen.

5 Den lauwarmen Tomatensalat mit dem Tofu auf Teller verteilen, mit den Nüssen und Kernen bestreuen und servieren.

Für 2 Personen • 25 Min. Zubereitung • Pro Portion ca. 695 g kcal, 28 g E, 28 g F, 79 g KH

SEITAN-REISNUDEL-PFANNE

GUT VORZUBEREITEN

1 rote Paprika
1 Tomate
1 Limette
100 g Seitan
3 EL Olivenöl
100 g vorgegarte Erbsen
300 g Kokosmilch
3 EL Sojasauce
3 EL Erdnussmus
Salz, Pfeffer
150 g Reisnudeln

1 Paprika waschen, halbieren, weiße Trennwände und Kerne entfernen und die Hälften in Würfel schneiden. Tomate waschen, putzen und ebenfalls würfeln. Die Limette halbieren und den Saft auspressen. Den Seitan nach Belieben in Streifen oder Würfel schneiden.

2 Das Olivenöl in einer Pfanne erhitzen. Den Seitan und die Paprikawürfel darin 6–8 Min. anbraten. Die Erbsen abgießen. Erbsen und Tomate in die Pfanne geben und kurz mitbraten.

3 Kokosmilch, 300 ml Wasser und Limettensaft zugießen und aufkochen lassen. Sojasauce und Erdnussmus unterrühren, alles mit Salz und Pfeffer würzen und ca. 5 Min. köcheln lassen.

4 Die Reisnudeln in die Pfanne geben und bei geringer Hitze köcheln lassen, bis sie gar sind. Anschließend die Seitan-Reisnudel-Pfanne auf Teller verteilen und sofort servieren.

Für 2 Personen • 40 Min. Zubereitung • Pro Portion ca. 700 kcal, 22 g E, 48 g F, 44 g KH

BUNTE GEMÜSEPFANNE

VITAMINREICH

4 Kartoffeln
3 Möhren
1 Zucchino
1 rote Paprika
1 Zwiebel
150 g bunte Kirschtomaten
100 g Räuchertofu
5 EL Olivenöl
6 Stängel Basilikum (ersatz-
weise Oregano, Thymian
oder Rosmarin)
Salz, Pfeffer
50 g vegane Feta-Alternative
3 EL Kerne-Mix (z. B. Sonnen-
blumenkerne, Kürbiskerne
und Hanfsamen)

1 Kartoffeln und Möhren schälen und in feine Scheiben schneiden. Zucchino waschen, putzen und in etwas dickere Scheiben schneiden. Paprika waschen, halbieren, weiße Trennwände und Kerne entfernen und die Hälften würfeln. Zwiebel schälen und in feine Streifen schneiden. Tomaten waschen und halbieren. Tofu klein würfeln.

2 Das Olivenöl in einer Pfanne erhitzen. Die Zwiebel darin glasig dünsten. Kartoffeln, Möhren und Zucchino zufügen und unter Rühren 20–25 Min. braten, bis das Gemüse fast gar ist. Paprika, Tofu und Tomaten zugeben und 3–5 Min. mitbraten. Inzwischen das Basilikum abbrausen, trocken schütteln, die Blätter fein hacken und in die Pfanne geben. Das Gemüse mit Salz und Pfeffer würzen.

3 Die Feta-Alternative zerbröseln, unter das Gemüse mischen und alles weitere 3–4 Min. braten. Die Gemüsepfanne auf Teller verteilen, mit Kernen bestreuen und sofort servieren.

Für 2 Personen • 25 Min. Zubereitung • 30 Min. Kochen • Pro Portion ca. 225 kcal, 7 g E, 11 g F, 22 g KH

RATATOUILLE

SOMMER-REZEPT

½ Aubergine
Salz
1 Zucchino
1 rote Paprika
1 Zwiebel
1 Knoblauchzehe
2 EL Olivenöl
200 g geschälte Kirschtomaten
  (aus dem Glas; ersatzweise
  stückige Tomaten aus der
  Dose)
1 EL Tomatenmark
½ EL Agavensirup
1 ½ EL italien. Kräuter
Pfeffer

1 Die Auberginenhälfte waschen, putzen und in mundgerechte Stücke schneiden. Mit etwas Salz bestreuen und ca. 10 Min. ziehen lassen. Die Auberginenstücke anschließend trocken tupfen.

2 Inzwischen den Zucchino waschen, putzen und in Würfel schneiden. Die Paprika waschen, halbieren, weiße Trennwände und Kerne entfernen und die Hälften ebenfalls in Würfel schneiden. Zwiebel und Knoblauch schälen. Die Zwiebel in feine Streifen schneiden und den Knoblauch durch die Presse drücken.

3 Das Öl in einer Pfanne erhitzen und Zwiebel und Knoblauch darin glasig dünsten. Aubergine und Zucchino zugeben und 5 Min. anbraten. Paprika zufügen kurz mitbraten. Geschälte Tomaten, Tomatenmark und Agavensirup untermengen. Alles mit Kräutern, Salz und Pfeffer würzen und 20–30 Min. leicht köcheln lassen. Das Ratatouille erneut abschmecken, auf Teller verteilen und sofort servieren.

Für 2 Personen • 15 Min. Zubereitung • Pro Portion ca. 275 kcal, 17 g E, 18 g F, 11 g KH

SCRAMBLED TOFU

GRUNDREZEPT

1 Zwiebel
1 Knoblauchzehe
1 gelbe Paprika
200 g Tofu
2 EL Olivenöl
1 EL Hefeflocken
½ TL gemahlene Kurkuma
½ TL Paprikapulver
Salz, Pfeffer
3 Stängel Schnittlauch
3 EL Sojaghurt

1 Die Zwiebel schälen und in feine Ringe schneiden. Knoblauch schälen und durch die Presse drücken. Paprika waschen, halbieren, weiße Trennwände und Kerne entfernen und die Hälften in kleine Würfel schneiden. Den Tofu mit den Fingern grob zerbröseln.

2 Das Olivenöl in einer Pfanne erhitzen. Zwiebel und Knoblauch darin 3–5 Min. dünsten. Paprika und Tofu zufügen und kurz anbraten. Dann Hefeflocken, Kurkuma, Paprikapulver, Salz und Pfeffer untermengen und alles weitere 2–3 Min. braten.

3 Den Schnittlauch abbrausen, trocken schütteln und in Röllchen schneiden. Den Sojaghurt in die Pfanne geben, untermischen und das vegane Rührei noch 2–3 Min. weiterbraten. Dann auf Teller verteilen, mit Schnittlauch bestreuen und sofort servieren.

AUS DEM OFEN

SCHNELLE ZUCCHINI-LASAGNE

FÜR KINDER

250 g Zucchini
2 Knoblauchzehen
200 g stückige Tomaten
(aus der Dose)
100 g vorgegarte Linsen
1 EL getrockneter Oregano
2 EL Cashewmus
Salz, Pfeffer
4 EL geriebene vegane
Parmesanalternative
100 g vegane Lasagneblätter
(ca. 4 Stück)
100 g vegane Reibekäse-
Alternative
2 Stängel Basilikum

AUSSERDEM
Olivenöl für die Form und zum
Bepinseln

GUT ZU WISSEN
Wer mag, bereitet gleich
die doppelte Menge zu
und verwendet einfach eine
größere Auflaufform.

1 Den Backofen auf 200° vorheizen. Zucchini waschen, putzen und in feine Scheiben schneiden. Den Knoblauch schälen, fein hacken und mit den stückigen Tomaten, Linsen, Oregano, Cashewmus, Salz und Pfeffer verrühren.

2 Eine kleine Auflaufform (ca. 17 × 17 cm) mit Olivenöl fetten. Eine Schicht Zucchini auf den Boden legen, mit Olivenöl bepinseln und leicht salzen. Mit einem Viertel der Tomatensauce bedecken und 1 EL Parmesan darüberstreuen.

3 Dann eine Schicht Lasagneblätter daraufgeben (ca. 2 Stück). Diese mit Tomatensaucc bedecken und mit 1 EL Parmesan bestreuen. Wieder eine Schicht Zucchinischeiben darauf verteilen, mit Öl bepinseln und leicht salzen. Mit Tomatensauce bedecken und mit 1 EL Parmesan bestreuen.

4 Die letzte Schicht Lasagneblätter daraufgeben. Mit der restlichen Tomatensauce bedecken und mit dem übrigen Parmesan bestreuen. Die restlichen Zucchini darauf verteilen, mit Öl bepinseln und leicht salzen. Mit Reibekäse bestreuen.

5 Die Lasagne in den heißen Ofen (Mitte) geben und in ca. 35 Min. goldbraun backen. Inzwischen das Basilikum abbrausen, trocken schütteln und die Blätter abzupfen. Die fertige Lasagne kurz abkühlen lassen, auf Teller verteilen und mit Basilikumblättern bestreut servieren.

Für 2 Personen • 10 Min. Zubereitung • 20 Min. Backen • Pro Portion ca. 425 kcal, 13 g E, 17 g F, 56 g KH

ÜBERBACKENE GNOCCHI

SCHNELL

200 g Kirschtomaten
2 EL vegane Crème-fraîche-
*   Alternative*
1 TL Agavensirup
½ TL gerösteter Knoblauch
Salz, Pfeffer
4 getrocknete Tomaten
6 Stängel Basilikum
2 EL Hefeflocken
200 g vegane Gnocchi
*   (Fertigprodukt)*
70 g vegane Reibekäse-
*   Alternative*

AUSSERDEM
Olivenöl für die Form

1 Den Backofen auf 200° vorheizen. Die Kirschtomaten waschen, trocken tupfen und mit Crème fraîche, Agavensirup, geröstetem Knoblauch, Salz und Pfeffer fein pürieren.

2 Die getrockneten Tomaten klein würfeln. Das Basilikum abbrausen, trocken schütteln und die Blätter fein hacken. Etwas Basilikum beiseitelegen. Getrocknete Tomaten, gehacktes Basilikum und Hefeflocken unter die Tomatensauce rühren.

3 Eine kleine Auflaufform (ca. 17 × 17 cm) mit Olivenöl auspinseln und die Gnocchi darin verteilen. Die Tomatensauce darübergießen und kurz unterrühren. Alles mit Reibekäse bestreuen und ca. 20 Min. im heißen Ofen (Mitte) überbacken.

4 Die Gnocchi kurz abkühlen lassen, dann auf Teller verteilen und mit dem restlichen Basilikum bestreut servieren.

Für 2 Personen • 10 Min. Zubereitung • 35 Min. Backen • Pro Portion ca. 800 kcal, 12 g E, 49 g F, 75 g KH

BAKED FETA PASTA

KLASSIKER

1 Knoblauchzehe
250 g Kirschtomaten
6 Stängel Basilikum
150 g vegane Spaghetti (oder
  andere Pasta nach Belieben)
150 g vegane Feta-Alternative
100 g Oliven (entsteint)
1 EL getrocknetes Basilikum
1 EL getrockneter Oregano
4 EL Olivenöl
Salz, Pfeffer
1 EL Pflanzencreme

AUSSERDEM
Olivenöl für die Form

1 Den Backofen auf 200° vorheizen. Den Knoblauch schälen und fein hacken. Die Kirschtomaten waschen und halbieren. Das Basilikum abbrausen, trocken schütteln und die Blätter abzupfen.

2 Eine Auflaufform (ca. 20 × 27 cm) mit Öl auspinseln und die Spaghetti darin verteilen. Tomaten daraufgeben. Den Feta in die Mitte legen. Knoblauch, Basilikum, Oliven und getrocknete Kräuter darüberstreuen. Alles mit Öl beträufeln und salzen und pfeffern.

3 So viel Wasser zugießen, dass die Spaghetti vollständig davon bedeckt sind. Die Form in den heißen Ofen (Mitte) geben und die Nudeln in 30–35 Min. garen. Sollten sie das Wasser vor Ende der Backzeit aufgesogen haben, etwas Wasser nachfüllen.

4 Die Feta-Pasta mit Pflanzencreme verrühren und mit Salz und Pfeffer abschmecken. Auf Teller verteilen und sofort servieren.

Für 2 Personen • 10 Min. Zubereitung • 30 Min. Backen • Pro Portion ca. 585 kcal, 16 g E, 27 g F, 68 g KH

SPINAT-FETA-CANNELLONI

EINFACH

70 g vegane Feta-Alternative
350 g TK-Blattspinat (aufgetaut)
100 g Pflanzencreme
2 EL Sesam
Salz, Pfeffer
125 g vegane Cannelloni
300 g stückige Tomaten
   (aus der Dose)
1 EL getrockneter Oregano
½ TL Chilipulver
50 g vegane Reibekäse-Alternative

AUSSERDEM
Olivenöl für die Form

1 Den Backofen auf 200° vorheizen. Den Feta würfeln und mit dem aufgetauten Blattspinat, 2 EL Pflanzencreme und Sesam vermengen. Die Füllung mit Salz und Pfeffer würzen.

2 Eine Auflaufform (ca. 20 × 27 cm) mit etwas Olivenöl auspinseln. Die Cannelloni mit der Blattspinat-Feta-Mischung füllen und nebeneinander in der Auflaufform verteilen.

3 Die Tomaten mit der restlichen Pflanzencreme, Oregano und Chilipulver verrühren. Die Sauce mit Salz und Pfeffer abschmecken und über die Cannelloni gießen.

4 Die Auflaufform in den heißen Ofen (Mitte) geben und die Cannelloni ca. 30 Min. backen. Nach 15 Min. den Reibekäse gleichmäßig über die Cannelloni streuen.

5 Die fertigen Cannelloni aus dem Ofen nehmen und kurz abkühlen lassen. Auf Teller verteilen und sofort servieren.

Für 2 Personen • 15 Min. Zubereitung • 30 Min. Backen • Pro Portion ca. 450 kcal, 9 g E, 36 g F, 21 g KH

MEDITERRANES RÖSTGEMÜSE

VITAMINREICH

1 Zucchino
½ Aubergine
3 Möhren
1 rote Paprika
75 g Kirschtomaten
2 Knoblauchzehen
2 ½ EL Olivenöl
1 ½ EL italien. Kräuter
Salz, Pfeffer
1 Avocado
1 EL vegane Mayonnaise

1 Den Backofen auf 200° vorheizen. Zucchino und Aubergine waschen, putzen und in Scheiben schneiden. Möhren schälen und ebenfalls in Scheiben schneiden. Paprika waschen, halbieren, weiße Trennwände und Kerne entfernen und die Hälften in größere Stücke schneiden. Kirschtomaten waschen. Knoblauch schälen und 1 Zehe halbieren. Die andere Zehe sehr fein hacken und beiseitestellen.

2 Alle vorbereiteten Zutaten bis auf den gehackten Knoblauch in ein tiefes Blech geben und mit Olivenöl, italienischen Kräutern, Salz und Pfeffer gut vermengen. Das Blech in den heißen Ofen (Mitte) geben und das Gemüse ca. 30 Min. backen.

3 Die Avocado halbieren und entsteinen. Das Fruchtfleisch herauslösen, mit einer Gabel fein zerdrücken und mit gehacktem Knoblauch, Mayonnaise, Salz und Pfeffer verrühren. Das Röstgemüse mit der Avocado-Aioli auf Tellern anrichten und sofort servieren.

Für 2 Personen • 40 Min. Zubereitung • 45 Min. Backen • Pro Portion ca. 470 kcal, 10 g E, 53 g F, 47 g KH

KARTOFFEL-ZUCCHINI-GRATIN

KLASSIKER

40 g Cashewkerne
500 g Kartoffeln
1 Zucchino (ca. 150 g)
125 ml Haferdrink
100 g Hafercreme
½ TL gerösteter Knoblauch
1 Msp. frisch geriebene
Muskatnuss
Salz, Pfeffer
1 EL italien. Kräuter
30 g vegane Reibekäse-
Alternative

AUSSERDEM
1 EL vegane Margarine
für die Form

1 Die Cashewkerne ca. 30 Min. in heißem Wasser einweichen. Inzwischen Kartoffeln und Zucchino schälen. Kartoffeln in ca. 2 mm, Zucchino in ca. 4 mm dünne Scheiben schneiden.

2 Den Backofen auf 200° vorheizen. Die Cashewkerne abgießen und mit Haferdrink, Hafercreme, Knoblauch, Muskat, Salz und Pfeffer fein pürieren. Die italienischen Kräuter untermischen.

3 Eine kleine Auflaufform (ca. 17 × 17 cm) mit Margarine fetten. Kartoffeln und Zucchino fächerförmig in die Form schichten. Jede Schicht leicht salzen und mit etwas Cashewsauce bestreichen. Die restliche Sauce gleichmäßig darübergießen.

4 Den Auflauf in den heißen Ofen (Mitte) geben und in 45–60 Min. goldbraun backen. 15 Min. vor Ende der Backzeit mit Käse bestreuen. Dann kurz abkühlen lassen, auf Teller verteilen und servieren.

Für 2 Personen • 10 Min. Zubereitung • 10 Min. Ziehen • 25 Min. Backen •
Pro Portion ca. 460 kcal, 12 g E, 33 g F, 25 g KH

AUBERGINEN ARABIAN STYLE

AUS DEM ORIENT

2 Auberginen
5 EL Olivenöl
1 ½ TL Harissa
½ TL rosenscharfes Paprika-
* pulver*
½ TL gemahlene Kurkuma
2 TL Agavensirup
Salz, Pfeffer
100 g vorgegarte Kichererbsen
150 g vegane Joghurt-
* alternative*
1 EL Tahin (Sesampaste)
1 TL Zitronensaft

AUSSERDEM
Olivenöl für das Blech

1 Den Backofen auf 200° vorheizen. Ein tiefes Backblech mit etwas Olivenöl auspinseln. Die Auberginen waschen, putzen und in ca. 1 cm dicke Scheiben schneiden.

2 Das Olivenöl mit Harissa, Paprikapulver, Kurkuma, 1 TL Agavensirup und 1 Prise Salz und Pfeffer verrühren. Die Auberginenscheiben und die Kichererbsen in das Blech geben, mit der Olivenöl-Gewürz-Mischung vermengen und ca. 10 Min. ziehen lassen.

3 Das Blech in den heißen Ofen (Mitte) geben und die Auberginen 20–25 Min. backen. Inzwischen für den Dip Joghurt mit Tahin, Zitronensaft, dem restlichen Agavensirup, Salz und Pfeffer verrühren.

4 Die gebackenen Auberginen mit den Kichererbsen und dem Joghurt-Tahin-Dip auf Teller verteilen und sofort servieren.

Für 2 Personen • 10 Min. Zubereitung • 30 Min. Backen • Pro Portion ca. 355 kcal, 9 g E, 30 g F, 12 g KH

BLUMENKOHLSTEAKS

SCHNELL

1 Blumenkohl
1 Knoblauchzehe
3 EL Olivenöl
1 TL Paprikapulver
½ TL Chilipulver
½ TL Currypulver
Salz, Pfeffer
3 Zweige Minze
½ Limette
100 g vegane Joghurt-
alternative Kokos
1 EL weißes Mandelmus

1 Den Backofen auf 200° vorheizen. Ein Backblech mit Backpapier auslegen. Den Blumenkohl waschen, putzen und in ca. 1 cm dicke Scheiben schneiden. Knoblauch schälen, sehr fein hacken und mit Olivenöl, Paprika, ¼ TL Chili, Curry, Salz und Pfeffer verrühren.

2 Die Blumenkohlsteaks mit der Gewürzmischung marinieren, auf das Blech legen und ca. 30 Min. im heißen Ofen (Mitte) backen.

3 Für den Dip die Minze abbrausen und trocken schütteln. Die Blätter abzupfen und fein hacken. Die Limettenhälfte auspressen. Kokosjoghurt mit Mandelmus, gehackter Minze, Limettensaft, dem restlichen Chilipulver und Salz verrühren.

4 Die fertigen Blumenkohlsteaks auf Teller verteilen, mit dem Minz-Joghurt-Dip beträufeln und sofort servieren.

Für 2 Personen • 10 Min. Zubereitung • 1 Std. 20 Min. Backen • Pro Portion ca. 740 kcal, 12 g E, 31 g F, 101 g KH

ÜBERBACKENE SÜSSKARTOFFELN

FÜR GÄSTE

4 Süßkartoffeln
1 rote Paprika
6 Stängel Basilikum
3 Stängel Schnittlauch
150 g vegane Sauerrahm-
  Alternative
75 g Mais
½ EL weißes Mandelmus
½ TL Currypulver
Salz, Pfeffer
50 g vegane Reibekäse-
  Alternative
1 EL Hanfsamen

AUSSERDEM
Olivenöl für das Blech

1 Den Backofen auf 200° vorheizen. Ein tiefes Blech fetten. Süßkartoffeln waschen, mehrmals mit einer Gabel einstechen und auf das Blech legen. Im heißen Ofen (Mitte) in 50–70 Min. garen.

2 Inzwischen die Paprika waschen, halbieren, weiße Trennwände und Kerne entfernen und die Hälften würfeln. Kräuter abbrausen und trocken schütteln. Basilikumblätter abzupfen und 8 Blätter beiseitelegen. Den Rest hacken. Schnittlauch in Röllchen schneiden.

3 Sauerrahm mit Paprika, Mais, Kräutern, Mandelmus, Curry, Salz und Pfeffer verrühren. Süßkartoffeln längs halbieren und salzen. Das Sauerrahmtopping daraufgeben. Den Käse darüberstreuen und die Süßkartoffeln weitere 8–10 Min. backen. Anschließend auf Teller verteilen, mit Hanfsamen und Basilikum garnieren und servieren.

Für 2 Personen • 20 Min. Zubereitung • 1 Std. Backen • Pro Portion ca. 745 kcal, 17 g E, 57 g F, 39 g KH

FÄCHERKARTOFFELN MIT PESTO

GRUNDREZEPT

500 g Kartoffeln
3 Knoblauchzehen
3 Zweige Rosmarin
Salz
100 g Pistazienkerne
½ Zitrone
2 Stängel Basilikum
60 ml Olivenöl
Pfeffer
100 g vegane Joghurt-
 alternative

AUSSERDEM
Olivenöl für das Blech und
 zum Bepinseln

1 Den Backofen auf 200° vorheizen. Ein tiefes Backblech mit Olivenöl auspinseln. Die Kartoffeln gründlich waschen, trocknen und gleichmäßig, fast bis zu den Enden, fächerförmig einschneiden. Knoblauch schälen und in feine Scheiben schneiden. Rosmarin abbrausen, trocken schütteln und die Nadeln abzupfen.

2 Die Kartoffeln auf das Blech legen, mit Knoblauchscheiben und Rosmarin füllen, großzügig mit Olivenöl bepinseln und salzen. Die Kartoffeln im heißen Ofen (Mitte) in 45–60 Min. garen. Zwischendurch eventuell erneut mit Olivenöl bepinseln.

3 Pistazien hacken. Die Zitronenhälfte auspressen. Basilikum waschen, trocken schütteln und die Blätter abzupfen. Zitronensaft, Olivenöl, 30 ml Wasser, Basilikum, Pistazien, Salz und Pfeffer zu einem feinen Pesto pürieren. Die Fächerkartoffeln kurz abkühlen lassen, auf Teller verteilen und mit Pistazienpesto und Joghurt servieren.

Für 2 Personen • 15 Min. Zubereitung • 8 Min. Backen • Pro Portion ca. 865 kcal, 20 g E, 36 g F, 111 g KH

PIZZA STYLED TORTILLAS

SCHNELL

1 gelbe Paprika
¼ Stange Lauch
150 g vorgegarte Kichererbsen
Salz, Pfeffer
1 EL Olivenöl
1 TL rosenscharfes Paprika-
*   pulver*
75 g veganes Bärlauchpesto
*   (ersatzweise Kräuterpesto)*
50 g vegane Sauerrahm-
*   Alternative*
4 Tortillas (Weizenfladen)
50 g vegane Reibekäse-
*   Alternative*
2 Stängel Petersilie
2 TL Sesam

1 Den Backofen auf 200° vorheizen und ein Backblech mit Back-papier auslegen. Die Paprika waschen, halbieren, weiße Trennwände und Kerne entfernen und die Hälften klein würfeln. Lauch waschen, putzen und in feine Scheiben schneiden.

2 Die Kichererbsen abgießen, mit Salz, Pfeffer, Olivenöl und Paprikapulver in einer Schüssel vermengen und kurz ziehen lassen. Das Pesto mit Sauerrahm verrühren und mit etwas Salz würzen.

3 Die Tortillas auf das Blech legen und mit der Bärlauchcreme bestreichen. Paprika, Lauch und die marinierten Kichererbsen darauf verteilen. Den Käse darüberstreuen. Das Blech in den heißen Ofen (Mitte) geben und die Tortillas 6–8 Min. backen.

4 Petersilie abbrausen, trocken schütteln und fein hacken. Tortillas auf Teller verteilen und mit Petersilie und Sesam bestreut servieren.

Für 2 Personen • 10 Min. Zubereitung • 15 Min. Backen • Pro Portion ca. 360 kcal, 15 g E, 18 g F, 34 g KH

FLAMMKUCHEN MIT RÄUCHERTOFU

EINFACH

½ Rolle veganer Flamm-
kuchenteig (aus dem
Kühlregal)
70 g vegane Crème-fraîche-
Alternative
1 EL vegane Joghurtalternative
½ TL Currypulver
Salz, Pfeffer
100 g Räuchertofu
1 rote Zwiebel
3 Stängel Petersilie

1 Den Backofen auf 200° vorheizen. Ein Backblech mit Backpapier auslegen und den Flammkuchenteig darauflegen.

2 Crème fraîche mit Joghurt, Currypulver, Salz und Pfeffer verrühren. Den Räuchertofu in kleine Würfel schneiden. Die Zwiebel schälen und in feine Ringe schneiden.

3 Den Teig mit der Creme bestreichen und mit Tofu und Zwiebelringen belegen. Das Blech in den heißen Ofen (Mitte) geben und den Flammkuchen in ca. 15 Min. goldbraun backen.

4 Inzwischen die Petersilie abbrausen, trocken schütteln und die Blätter fein hacken. Den Flammkuchen in Stücke schneiden, auf Teller verteilen und mit Petersilie bestreut servieren.

SPARGEL-BLÄTTERTEIG-TASCHEN MIT PESTO

FÜR GÄSTE

8 Stangen grüner Spargel
1 ½ EL Olivenöl
Salz, Pfeffer
½ Rolle veganer Blätterteig
  (aus dem Kühlregal)
50 g veganes Kräuterpesto
¼ Bio-Zitrone
5 Stängel Schnittlauch
100 g vegane Joghurtalternative
½ EL weißes Mandelmus
½ TL Agavensirup
½ EL Sesam

AUSSERDEM
Olivenöl zum Bepinseln

1 Den Backofen auf 200° vorheizen. Ein Backblech mit Backpapier auslegen. Den Spargel waschen und von den unteren, holzigen Enden befreien. Die Spargelstangen mit Olivenöl vermengen und mit Salz und Pfeffer würzen.

2 Den Blätterteig etwas dünner ausrollen und in vier gleich große Stücke schneiden. Die Teigstücke auf dem Backblech verteilen und gleichmäßig mit Kräuterpesto bestreichen. Dabei jeweils rundum einen kleinen Rand aussparen.

3 Je zwei Spargelstangen darauflegen und die Blätterteigstücke schräg aufrollen. Mit etwas Olivenöl bepinseln und im heißen Ofen (Mitte) in ca. 15 Min. goldbraun backen.

4 Inzwischen das Zitronenviertel heiß waschen, trocknen und die Schale fein abreiben. Den Saft auspressen. Schnittlauch abbrausen, trocken schütteln und in Röllchen schneiden.

5 Joghurt mit Zitronensaft und -abrieb, Schnittlauch, Mandelmus und Agavensirup verrühren. Mit Salz und Pfeffer würzen.

6 Die gebackenen Spargel-Blätterteig-Taschen kurz abkühlen lassen. Anschließend je zwei Taschen auf Teller verteilen, mit Sesam bestreuen und mit dem Joghurtdip servieren.

REGISTER

Abkürzungsverzeichnis:
E = Eiweiß
EL = Esslöffel
(gestrichen)
F = Fett
kcal = Kilokalorien
KH = Kohlenhydrate
Msp. = Messerspitze
Pck. = Päckchen
TK = Tiefkühl
TL = Teelöffel
(gestrichen)
Ø = Durchmesser

LIEBE LESERINNEN UND LESER,

wir wollen Ihnen mit diesem Buch Informationen und Anregungen geben, um Ihnen das Leben zu erleichtern oder Sie zu inspirieren, Neues auszuprobieren. Wir achten bei der Erstellung unserer Bücher auf Aktualität und stellen höchste Ansprüche an Inhalt und Gestaltung. Alle Anleitungen und Rezepte werden von unseren Autoren, jeweils Experten auf ihren Gebieten, gewissenhaft erstellt und von unseren Redakteur*innen mit größter Sorgfalt ausgewählt und geprüft.

Haben wir Ihre Erwartungen erfüllt? Sind Sie mit diesem Buch und seinen Inhalten zufrieden? Wir freuen uns auf Ihre Rückmeldung. Und wir freuen uns, wenn Sie diesen Titel weiterempfehlen, in Ihrem Freundeskreis oder bei Ihrem Online-Kauf.

Sollten wir Ihre Erwartungen so gar nicht erfüllt haben, tauschen wir Ihnen Ihr Buch jederzeit gegen ein gleichwertiges zum gleichen oder ähnlichen Thema um.

KONTAKT ZUM LESERSERVICE

GRÄFE UND UNZER VERLAG
Grillparzerstraße 12
81675 München
www.gu.de

IMPRESSUM

© 2022 GRÄFE UND UNZER VERLAG GmbH, Postfach 860366, 81630 München

GU ist eine eingetragene Marke der GRÄFE UND UNZER VERLAG GmbH, www.gu.de

ISBN 978-3-8338-8263-0
1. Auflage 2022

Projektleitung: Linh Nguyen
Lektorat: Christin Geweke
Korrektorat: Waltraud Schmidt
Gesamtgestaltung: Independent Mediendesign, München
Umschlaggestaltung: ki36 Editorial Design, Sabine Krohberger, München
Herstellung: Renate Hutt
Satz: Eberl & Koesel Studio GmbH
Reproduktion: Medienprinzen GmbH
Druck und Bindung: Firmengruppe APPL, aprinta druck, Wemding
Printed in Germany

Ein Unternehmen der
GANSKE VERLAGSGRUPPE

DIE AUTORIN

Corinna Schober ist Bloggerin und Foodjournalistin. Aus Liebe zu den Tieren ernährt sie sich seit ihrer Kindheit fleischlos und seit einigen Jahren vegan. In diesem Buch teilt sie ihre besten veganen One-Pot-Gerichte.

DIE FOTOGRAFIN

Mona Binner entdeckte nach ihrer Ausbildung zur Werbefotografin die Liebe zur Foodfotografie und arbeitet seit 2007 als freie Fotografin für namhafte Magazine und Verlage. Mit Unterstützung von Julia Luck (Foodstyling) hat sie die veganen Köstlichkeiten stilvoll in Szene gesetzt.

Bildnachweis:

Mona Binner: S. 06–59 und Stepfotos auf den Klappen
Coco Lang: S. 01, 05 und Stilleben auf den Klappen
Kathrin Koschitzki: Cover
Corinna Schober: S. 04 Autorenfoto

Umwelthinweis:

Nachhaltigkeit ist uns sehr wichtig. Der Rohstoff Papier ist in der Buchproduktion hierfür von entscheidender Bedeutung. Daher ist dieses Buch auf PEFC-zertifiziertem Papier gedruckt. PEFC garantiert, dass ökologische, soziale und ökonomische Aspekte in der Verarbeitungskette unabhängig überwacht werden und lückenlos nachvollziehbar sind.

Syndication: www.seasons.agency

Die GU-Homepage finden Sie unter www.gu.de

APPETIT AUF MEHR?

ISBN 978-3-8338-7813-8

ISBN 978-3-8338-7302-7

ISBN 978-3-8338-8016-2

ISBN 978-3-8338-7892-3

ISBN 978-3-8338-8044-5

ISBN 978-3-8338-8018-6

 Alle hier vorgestellten Bücher
sind auch als eBook erhältlich.

DIE »GU KOCHEN PLUS«-APP

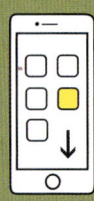

1 APP HERUNTERLADEN

Laden Sie die kostenlose »GU Kochen Plus«-App im Apple App Store oder im Google Play Store auf Ihr Smartphone. Starten Sie die App und wählen Sie Ihren Küchenratgeber aus.

2 REZEPTBILD SCANNEN

Scannen Sie das gewünschte Rezeptbild mit der Kamera Ihres Smartphones. Klicken Sie im Display die Funktion Ihrer Wahl.

3 FUNKTIONEN NUTZEN

Sammeln Sie Ihre Lieblingsrezepte. Speichern und verschicken Sie Ihre Einkaufslisten. Oder nutzen Sie den praktischen Supermarkt-Finder und den Rezept-Planer.